¿DÓNDE VIVO?

LA CALLE

Un libro de Las Raíces de Crabtree

ALICIA RODRIGUEZ
Traducción de Pablo de la Vega

CRABTREE
Publishing Company
www.crabtreebooks.com

Apoyos de la escuela a los hogares para cuidadores y maestros

Este libro ayuda a los niños en su desarrollo al permitirles practicar la lectura. Abajo están algunas preguntas guía para ayudar al lector a fortalecer sus habilidades de comprensión. En rojo hay algunas opciones de respuesta.

Antes de leer:

- ¿De qué pienso que tratará este libro?
  - *Pienso que este libro es sobre las calles en las que vive la gente.*
  - *Pienso que este libro es sobre lo que puedes ver en tu calle.*
- ¿Qué quiero aprender sobre este tema?
  - *Quiero aprender qué tipos de edificios puedes ver en una calle.*
  - *Quiero aprender qué tan larga puede ser una calle.*

Durante la lectura:

- Me pregunto por qué...
  - *Me pregunto por qué algunas calles tienen aceras, y algunas no.*
  - *Me pregunto por qué en algunas calles hay autos estacionados.*
- ¿Qué he aprendido hasta ahora?
  - *Aprendí que en las calles puede haber casas.*
  - *Aprendí que en los barrios hay calles.*

Después de leer:

- ¿Qué detalles aprendí de este tema?
  - *Aprendí que mucha gente usa las aceras.*
  - *Aprendí que las calles pueden ser largas o cortas.*
- Lee el libro una vez más y busca las palabras del vocabulario.
  - *Veo la palabra **calle** en la página 3 y la palabra **barrio** en la página 7. Las demás palabras del vocabulario están en la página 14.*

Mi casa está en una **calle**.

La calle es
muy larga.

Es parte de
un **barrio**.

En ella hay casas.

En ella hay **tiendas**.

Tiene una **acera** que mucha gente usa.

Me gusta la calle donde vivo.

Lista de palabras
Palabras de uso común

casa	es	larga	que
de	está	me	tiene
donde	gusta	mi	un
ella	hay	mucha	una
en	la	muy	usa

Palabras para conocer

acera

barrio

calle

tiendas

37 palabras

Mi casa está en una **calle**.

La calle es muy larga.

Es parte de un **barrio**.

En ella hay casas.

En ella hay **tiendas**.

Tiene una **acera** que mucha gente usa.

Me gusta la calle donde vivo.

Written by: Alicia Rodriguez

Designed by: Rhea Wallace

Series Development: James Earley

Proofreader: Janine Deschenes

Educational Consultant:

Marie Lemke M.Ed.

Translation to Spanish:

Pablo de la Vega

Spanish-language layout and

proofread: Base Tres

Print and production coordinator:

Katherine Berti

Photographs:
Shutterstock: Roschetzky Photography: cover; Jason Fin: p. 1; Shuttersv: p. 3, 14; Silvandia: p. 5; zstock: p. 6, 14; Ruchard Cavalieri; p. 9: Micheal Shake: p. 10, 14; Monkey Business Images: p. 12, 14

Library and Archives Canada Cataloguing in Publication

Title: La calle / Alicia Rodriguez ; traducción de Pablo de la Vega.
Other titles: Street. Spanish
Names: Rodriguez, Alicia (Children's author), author. | Vega, Pablo de la, translator.
Description: Series statement: ¿Dónde vivo? | Translation of: Street. | "Un libro de las raíces de Crabtree". | Text in Spanish.
Identifiers: Canadiana (print) 20210252596 |
    Canadiana (ebook) 2021025260X |
    ISBN 9781039616974 (hardcover) |
    ISBN 9781039617032 (softcover) |
    ISBN 9781039617094 (HTML) |
    ISBN 9781039617155 (EPUB) |
    ISBN 9781039617216 (read-along ebook)
Subjects: LCSH: Streets—Juvenile literature. | LCSH: Neighborhoods—Juvenile literature.
Classification: LCC HT152 .R63518 2022 | DDC j307.76—dc23

Library of Congress Cataloging-in-Publication Data

Available at the Library of Congress

Crabtree Publishing Company

Printed in the U.S.A./092021/CG20210616

www.crabtreebooks.com   1-800-387-7650

Published in the United States
Crabtree Publishing
347 Fifth Avenue, Suite 1402-145
New York, NY, 10016

Published in Canada
Crabtree Publishing
616 Welland Ave.
St. Catharines, Ontario L2M 5V6